DE TRES-HAUTE
ET TRES-PUISSANTE PRINCES[SE]
ANNE DE GONZAG[UE]
DE CLEVES
PRINCESSE PALATIN[E]

Prononcée en préfence de Monfeigneur LE DU[C]
Madame LA DUCHESSE, *& de Monf[eigneur]*
le Duc DE BOURBON, *dans l'Eglife des C[arme-]*
lites du Fauxbourg Saint Jacques, le 9. Aouft [1685.]

Par Meffire JACQUES BENIGNE BOSSUET, [Evêque]
de Meaux, Conseiller du Roy en ses Confeils, cy-[devant]
Précepteur de Monfeigneur LE DAUPHIN, [&]
Aumofnier de Madame LA DAUPHINE.

S. le Clerc F.

A PARIS,

Par SEBASTIEN MABRE-CRAMOISY, Imprimeur d[u Roy.]

M. DC. LXXXV.

ORAISON FUNEBRE
D'ANNE DE GONZAGUE
DE CLEVES,
PRINCESSE PALATINE.

Apprehendi te ab extremis terræ, & à longinquis ejus vocavi te: elegi te, & non abjeci te: ne timeas, quia ego tecum sum.

Je t'ay pris par la main, pour te ramener des extrémitez de la terre: je t'ay appellé des lieux les plus éloignez: je t'ay choisi, & je ne t'ay pas rejetté: ne crains point, parce que je suis avec toy. C'est Dieu mesme qui parle ainsi. *Isaïa XLI. 9. 10.*

Monseigneur,

Je voudrois que toutes les ames éloignées de Dieu; que tous ceux qui se persuadent

A

qu'on ne peut se vaincre soy-mesme, ni soû-
tenir sa constance parmi les combats & les
douleurs; tous ceux enfin qui desesperent
de leur conversion ou de leur perseverance,
fussent presents à cette assemblée. Ce discours leur feroit connoistre, qu'une ame fidele à la grace, malgré les obstacles les plus
invincibles, s'éleve à la perfection la plus é-
minente. La Princesse à qui nous rendons
les derniers devoirs, en recitant selon sa
coustume l'office divin, lisoit les paroles
d'Isaïe, que j'ay rapportées. Qu'il est beau
de méditer l'Ecriture Sainte; & que Dieu
y sçait bien parler, non seulement à toute
l'Eglise, mais encore à chaque fidele selon
ses besoins ! Pendant qu'elle méditoit ces
paroles (c'est elle-mesme qui le raconte
dans une lettre admirable) Dieu luy impri-
ma dans le cœur, que c'estoit à elle qu'il les
adressoit. Elle crut entendre une voix dou-
XLI. 9. ce & paternelle qui luy disoit: *Je t'ay rame-*
née des extrémitez de la terre, des lieux les
plus éloignez; des voyes détournées, où tu
te perdois, abandonnée à ton propre sens,
si loin de la celeste patrie, & de la veritable
voye qui est JESUS-CHRIST, Pendant

que tu difois en ton cœur rebelle; Je ne puis me captiver; j'ay mis fur toy ma puiffante main; *& j'ay dit, Tu feras ma fervante : je t'ay choifie* dés l'éternité,*& je n'ay pas rejet-té* ton ame fuperbe & dédaigneufe. Vous voyez par quelles paroles Dieu luy fait fentir l'état d'où il l'a tirée. Mais écoutez, comme il l'encourage parmi les dures épreuves, où il met fa patience: *Ne crains point* au milieu des maux dont tu te fens accablée, *parce que je fuis ton Dieu* qui te fortifie : *ne te détourne pas de la voye* où je t'engage, *puifque je fuis avec toy :* jamais je ne cefferay de te fecourir, *& le jufte que j'envoye au monde,* ce Sauveur mifericordieux, ce Pontife compatiffant, *te tient par la main : Tenebit te dextera jufti mei.* Voilà, Messieurs, le paffage entier du faint Prophete Ifaïe, dont je n'avois recité que les premieres paroles. Puis-je mieux vous reprefenter les confeils de Dieu fur cette Princeffe, que par des paroles dont il s'eft fervi pour luy expliquer les fecrets de ces admirables confeils? Venez maintenant, pécheurs, quels que vous foyiez, en quelques régions écartées que la tempefte de vos paffions vous ait jet-

A   ij

IX. 2. tez; fussiez vous dans ces terres ténébreuses dont il est parlé dans l'Ecriture, & dans l'ombre de la mort : s'il vous reste quelque pitié de vostre ame malheureuse, venez voir d'où la main de Dieu a retiré la Princesse ANNE, venez voir où la main de Dieu l'a élevée. Quand on voit de pareils exemples dans une Princesse d'un si haut rang; dans une Princesse qui fut niece d'une Imperatrice & unie par ce lien à tant d'Empereurs, sœur d'une puissante Reine, épouse d'un fils de Roy, mere de deux grandes Princesses, dont l'une est un ornement dans l'auguste Maison de France, & l'autre s'est fait admirer dans la puissante Maison de Brunsvic; enfin dans une Princesse, dont le mérite passe la naissance, encore que sortie d'un pere & de tant d'ayeux Souverains, elle ait réüni en elle avec le sang de Gonzague & de Cleves, celuy des Paleologues, celuy de Lorraine, & celuy de France par tant de costez : quand Dieu joint à ces avantages une égale réputation, & qu'il choisit une personne d'un si grand éclat pour estre l'objet de son éternelle misericorde, il ne se propose rien moins, que d'instruire tout l'univers. Vous donc qu'il affemble en ce faint lieu ; & vous principalement, pécheurs, dont il attend la converfion avec une fi longue patience, n'endurciffez pas vos cœurs : ne croyez pas qu'il vous foit permis d'apporter feulement à ce difcours des oreilles curieufes. Toutes les vaines excufes, dont vous couvrez voftre impenitence, vous vont eftre oftées. Ou la Princeffe Palatine portera la lumiere dans vos yeux ; ou elle fera tomber, comme un deluge de feu, la vangeance de Dieu fur vos teftes. Mon difcours, dont vous vous croyez peut-eftre les juges, vous jugera au dernier jour : ce fera fur vous un nouveau fardeau, comme parloient les Prophetes : *Onus verbi Domini fuper Ifraël ;* & fi vous n'en fortez plus chreftiens, vous en fortirez plus coupables. Commençons donc avec confiance l'œuvre de Dieu. Apprenons avant toutes chofes à n'eftre pas éblouïs du bonheur qui ne remplit pas le cœur de l'homme ; ni des belles qualitez, qui ne le rendent pas meilleur ; ni des vertus, dont l'enfer eft rempli, qui nourriffent le peché & l'impenitence, & qui empefchent l'horreur falutaire, que l'ame péchereffe auroit d'elle-mef-

Zach. X 1:

A iij

me. Entrons encore plus profondément
dans les voyes de la Divine Providence, &
ne craignons pas de faire paroiftre noftre
Princeffe dans les états différens où elle a
efté. Que ceux-là craignent de découvrir les
defauts des ames faintes, qui ne fçavent pas
combien eft puiffant le bras de Dieu, pour
faire fervir ces defauts non feulement à fa
gloire, mais encore à la perfection de fes E-
leûs. Pour nous, mes Freres, qui fçavons à
quoy ont fervi à Saint Pierre fes reniemens,
à Saint Paul les perfecutions qu'il a fait fouf-
frir à l'Eglife, à Saint Auguftin fes erreurs,
à tous les Saints Penïtens leurs péchez : ne
craignons pas de mettre la Princeffe Palatine dans ce rang, ni de la fuivre jufques dans
l'incredulité où elle eftoit enfin tombée.
C'eft de là que nous la verrons fortir pleine de gloire & de vertu , & nous benirons
avec elle la main qui l'a relevée : heureux,
fi la conduite que Dieu tient fur elle, nous
fait craindre la juftice, qui nous abandonne à nous-mefmes, & defirer la mifericorde,
qui nous en arrache. C'eft ce que demande
de vous , TRES-HAUTE ET TRES-
PUISSANTE PRINCESSE, ANNE DE

Gonzague de Cleves, Princesse de Mantoue et de Montferrat, et Comtesse Palatine du Rhin.

Jamais plante ne fut cultivée avec plus de soin, ni ne se vit plûtost couronnée de fleurs & de fruits que la Princesse ANNE. Dés ses plus tendres années elle perdit sa pieuse mere, Catherine de Lorraine. Charles Duc de Nevers, & depuis Duc de Mantoüë son pere, luy en trouva une digne d'elle; & ce fut la venerable Mere Françoise de la Chastre, d'heureuse & sainte memoire, Abbesse de Faremonstier, que nous pouvons appeller la restauratrice de la Regle de Saint Benoist, & la lumiere de la vie Monastique. Dans la solitude de Sainte Fare, autant éloignée des voyes du siecle, que sa bienheureuse situation la sépare de tout commerce du monde: dans cette sainte montagne, que Dieu avoit choisie depuis mille ans; où les Epouses de JESUS-CHRIST faisoient revivre la beauté des anciens jours; où les joyes de la terre estoient inconnuës; où les vestiges des hommes du monde, des curieux & des vagabonds ne paroissoient pas: sous la condui-

te de la fainte Abbeſſe, qui ſçavoit donner
le lait aux enfans, auſſi-bien que le pain aux
forts, les commencemens de la Princeſſe
ANNE eſtoient heureux. Les Myſteres luy
furent révélez : l'Ecriture luy devint fa-
miliere : on lüy avoit appris la langue Latine, parce que c'eſtoit celle de l'Egliſe ; &
l'office divin faiſoit ſes délices. Elle aimoit
tout dans la vie religieuſe, juſqu'à ſes auſte-
ritez & à ſes humiliations ; & durant douze ans, qu'elle fut dans ce Monaſtere, on luy
voyoit tant de modeſtie & tant de ſageſſe,
qu'on ne ſçavoit à quoy elle eſtoit le plus
propre, ou à commander, ou à obéïr. Mais
la ſage Abbeſſe qui la crut capable de ſouſtenir ſa réforme, la deſtinoit au gouverne-
ment ; & déja on la contoit parmi les Princeſſes qui avoient conduit cette célébre Ab-
baye, quand ſa famille trop empreſſée à éxé-
cüter ce pieux projet, le rompit. Nous ſera-
t-il permis de le dire? La Princeſſe MARIE,
pleine alors de l'eſprit du monde, croyoit,
ſelon la couſtume des grandes Maiſons, que
ſes jeunes ſœurs devoient èſtre ſacrifiées à
ſes grands deſſeins. Qui ne ſçait, où ſon rare
mérite & ſon éclatante beauté, avantage
                                    toûjours

toûjours trompeur, luy firent porter ses espé-
rances ? Et d'ailleurs dans les plus puissantes
Maisons, les partages ne sont-ils pas regar-
dez comme une espece de dissipation, par
où elles se détruisent d'elles-mesmes : tant
le neant y est attaché ! La Princesse B E-
N E D I C T E, la plus jeune des trois sœurs,
fut la premiere immolée à ces interests de
famille. On la fit Abbesse, sans que dans un
âge si tendre elle sceust ce qu'elle faisoit ; &
la marque d'une si grave dignité fut comme un joüët entre ses mains. Un sort semblable estoit destiné à la Princesse A N N E.
Elle eust pû renoncer à sa liberté, si on luy
eust permis de la sentir ; & il eust fallu la
conduire, & non pas la précipiter dans le
bien. C'est ce qui renversa tout-à-coup les
desseins de Faremonstier. Avenai parut a-
voir un air plus libre, & la Princesse B E-
N E D I C T E y presentoit à sa sœur une retraite agréable. Quelle merveille de la grace! Malgré une vocation si peu réguliere,
la jeune Abbesse devint un modele de vertu. Ses douces conversations rétablirent
dans le cœur de la Princesse A N N E, ce que
d'importuns empressemens en avoient ban-

B

ni. Elle preſtoit de nouveau l'oreille à Dieu
qui l'appelloit avec tant d'attraits à la vie
Religieuſe ; & l'aſile qu'elle avoit choiſi
pour défendre ſa liberté, devint un piege
innocent pour la captiver. On remarquoit
dans les deux Princeſſes, la meſme nobleſſe
dans les ſentimens; le meſme agrément, &
ſi vous me permettez de parler ainſi, les
meſmes inſinuations dans les entretiens : au
dedans les meſmes deſirs, au dehors les meſmes graces; & jamais ſœurs ne furent unies
par des liens, ni ſi doux, ni ſi puiſſans. Leur
vie euſt eſté heureuſe dans leur éternelle
union, & la Princeſſe A N N E n'aſpiroit plus
qu'au bonheur d'eſtre une humble Religieuſe d'une ſœur dont elle admiroit la vertu. En ce temps le Duc de Mantouë leur
pere mourut : les affaires les appellerent à
la Cour : la Princeſſe B E N E D I C T E qui
avoit ſon partage dans le Ciel, fut jugée propre à concilier les intereſts différens dans la
famille. Mais, ô coup funeſte pour la Princeſſe A N N E! la pieuſe Abbeſſe mourut
dans ce beau travail, & dans la fleur de ſon
âge. Je n'ay pas beſoin de vous dire combien le cœur tendre de la Princeſſe A N N E

fut profondément bleſſé par cette mort.
Mais ce ne fut pas-là ſa plus grande playe.
Maiſtreſſe de ſes deſirs, elle vit le monde ;
elle en fut veûë : bientoſt elle ſentit qu'elle
plaiſoit ; & vous ſçavez le poiſon ſubtil, qui
entre dans un jeune cœur avec ces penſées.
Ces beaux deſſeins furent oubliez. Pendant
que tant de naiſſance, tant de biens, tant de
graces qui l'accompagnoient, luy attiroient
les regards de toute l'Europe , le Prince
E D O U A R D de Baviere, fils de l'Electeur
F R I D E R I C V. Comte Palatin du Rhin,
& Roy de Boheme ; jeune Prince qui s'eſtoit réfugié en France durant les malheurs
de ſa Maiſon, la merita. Elle préféra aux richeſſes les vertus de ce Prince, & cette no-
ble alliance, où de tous coſtez on ne trouvoit que des Rois. La Princeſſe A N N E
l'invite à ſe faire inſtruire : il connut bientoſt les erreurs, où les derniers de ſes Peres,
déſerteurs de l'ancienne foy, l'avoient en-
gagé. Heureux préſages pour la Maiſon Palatine ! Sa converſion fut ſuivie de celle de
la Princeſſe L O U I S E ſa ſœur, dont les vertus font éclater par toute l'Egliſe la gloire
du ſaint Monaſtere de Maubuiſſon ; & ces

B ij

bien-heuréufes prémices ont attiré une telle bénédiction fur la Maifon Palatine, que
nous la voyons enfin Catholique dans fon
chef. Le mariage de la Princeffe A N N E fut
un heureux commencement d'un fi grand
ouvrage. Mais helas! tout ce qu'elle aimoit
devoit eftre de peu de durée. Le Prince fon
Epoux luy fut ravi, & luy laiffa trois Princeffes, dont les deux qui reftent pleurent
encore la meilleure mere qui fut jamais, &
ne trouvent de confolation que dans le
fouvenir de fes vertus. Ce n'eft pas encore
le temps de vous en parler. La Princeffe
Palatine eft-dans l'état le plus dangereux de
fa vie. Que le monde voit peu de ces veuves, dont parle Saint Paul, qui *vraiment*
veuves & defolées, s'enfeveliffent, pour ainfi dire, elles-mefmes dans le tombeau de
leur époux; y enterrent tout amour hu-
main avec ces cendres chéries; & délaiffées
fur la terre, *mettent leur efpérance en Dieu,*
& paffent les nuits & les jours dans la prie-
re! Voilà l'état d'une veuve Chreftienne, felon les preceptes de Saint Paul: état oublié
parmi nous, où la viduité eft regardée, non
plus comme un état de défolation, car ces

im. V.

mots ne font plus connus, mais comme un
état defirable, où affranchi de tout joug on
n'a plus à contenter que foy-mefme : fans
fonger à cette terrible fentence de Saint
Paul : *La veuve qui paffe fa vie dans les plai-* Ibid. 6.
firs ; remarquez qu'il ne dit pas, la veuve
qui paffe fa vie dans les crimes ; il dit, *la*
veuve qui la paffe dans les plaifirs ; elle eft
morte toute vive: parce qu'oubliant le deuïl
éternel & le caractere de defolation, qui
fait le fouftien comme la gloire de fon état,
elle s'abandonne aux joyes du monde.
Combien donc en devroit-on pleurer comme mortes de ces veuves jeunes & riantes,
que le monde trouve fi heureufes ! Mais fur
tout, quand on a connu JESUS-CHRIST, Hebr. V.
& qu'on a eû part à fes graces ; quand la lu- 4. 5. 6.
miere divine s'eft découverte, & qu'avec
des yeux illuminez on fe jette dans les voyes
du fiecle : qu'arrive-t-il à une ame, qui tombe d'un fi haut état, qui renouvelle contre JESUS-CHRIST, & encore contre
JESUS-CHRIST connu & goufté, tous
les outrages des Juifs, & le crucifie encore
une fois ? Vous reconnoiffez le langage de
Saint Paul. Achevez donc, grand Apoftre,

& dites-nous ce qu'il faut attendre d'une chûte si déplorable. *Il est impossible,* dit-il, *qu'une telle ame soit renouvellée par la penitence.* Impossible : quelle parole ! soit, MESSIEURS, qu'elle signifie, que la conversion de ces ames autrefois si favorisées, surpasse toute la mesure des dons ordinaires ; & demande, pour ainsi parler, le dernier effort de la puissance divine : soit que l'impossibilité dont parle Saint Paul veuille dire, qu'en effet il n'y a plus de retour à ces premieres douceurs qu'a goustées une ame innocente, quand elle y a renoncé avec connoissance ; de sorte qu'elle ne peut rentrer dans la grace, que par des chemins difficiles & avec des peines extrémes. Quoy qu'il en soit, CHRESTIENS, l'un & l'autre s'est vérifié dans la Princesse Palatine. Pour la plonger entierement dans l'amour du monde, il falloit ce dernier malheur : quoy ? la faveur de la Cour. La Cour veut toûjours unir les plaisirs avec les affaires. Par un mélange étonnant, il n'y a rien de plus serieux ni ensemble de plus enjoûé. Enfoncez : vous trouvez par tout des interests cachez, des jalousies délicates qui

caufent une extréme fenfibilité, & dans une
ardente ambition, des foins & un férieux
auffi trifte qu'il eft vain. Tout eft couvert
d'un air gay, & vous diriez qu'on ne fonge qu'à s'y divertir. Le génie de la Princeffe Palatine fe trouva également propre
aux divertiffemens & aux affaires. La
Cour ne vit jamais rien de plus engageant ;
& fans parler de fa pénétration, ni de la
fertilité infinie de fes expediens, tout ce-
doit au charme fecret de fes entretiens. Que
vois - je durant ce temps ? Quel trouble !
Quel affreux fpectacle fe prefente icy à mes
yeux ! La Monarchie ébranlée jufqu'aux
fondemens, la guerre civile, la guerre étran-
gere, le feu au dedans & au dehors ; les remedes de tous coftez plus dangereux que
les maux : les Princes arreftez avec grand
peril, & delivrez avec un peril encore plus
grand : ce Prince, que l'on regardoit comme le heros de fon fiecle, rendu inutile à
fa patrie dont il avoit efté le fouftien ; &
enfuite, je ne fçay comment, contre fa propre inclination, armé contre elle : un Miniftre perfecuté, & devenu neceffaire, non-
feulement par l'importance de fes fervices,

mais encore par ſes malheurs, où l'autorité
ſouveraine eſtoit engagée. Que diray-je ?
Eſtoit-ce-là de ces tempeſtes, par où le Ciel
a beſoin de ſe décharger quelquefois ; & le
calme profond de nos jours devoit-il eſtre
précedé par de tels orages ? Ou bien eſtoit-
ce les derniers efforts d'une liberté remuan-
te, qui alloit ceder la place à l'autorité le-
gitime ? Ou bien eſtoit-ce comme un travail de la France preſte à enfanter le regne
miraculeux de LOUIS ? Non, non : c'eſt

Reg. XI. Dieu, qui vouloit montrer qu'il donne la
mort, & qu'il reſſuſcite ; qu'il plonge juſ-
C. LIX. qu'aux enfers, & qu'il en retire ; qu'il ſe-
coûë la terre, & la briſe ; & qu'il guerit
en un moment toûtes ſes briſures. Ce fut-
là, que la Princeſſe Palatine ſignala ſa fidelité, & fit paroiſtre toutes les richeſſes
de ſon eſprit. Je ne dis rien qui ne ſoit connu. Toûjours fidele à l'Eſtat & à la grande
Reine ANNE D'AUSTRICHE, on ſçait
qu'avec le ſecret de cette Princeſſe, elle eut
encore celuy de tous les partis : tant elle
eſtoit pénétrante, tant elle s'attiroit de confiance, tant il luy eſtoit naturel de gagner
les cœurs ! Elle déclaroit aux chefs des par-

tis

tis jufqu'où elle pouvoit s'engager; & on la croyoit incapable, ni de tromper, ni d'eftre trompée. Mais fon caractere particulier eftoit de concilier les interefts oppofez, & en s'élevant audeffus, de trouver le fecret endroit, & comme le nœud par où on les peut réünir. Que luy fervirent fes rares talens? Que luy fervit d'avoir mérité la confiance intime de la Cour? d'en fouftenir le Miniftre deux fois éloigné, contre fa mauvaife fortune, contre fes propres frayeurs, contre la malignité de fes ennemis, & enfin contre fes amis ou partagez, ou irréfolus, ou infideles? Que ne luy promit-on pas dans ces befoins? Mais quel fruit luy en revint-il, finon de connoiftre par experience le foible des grands Politiques; leurs volontez changeantes, ou leurs paroles trompeufes; la diverfe face des temps; les amufemens des promeffes; l'illufion des amitiez de la terre qui s'en vont avec les années &les interefts; & la profonde obfcurité du cœur de l'homme, qui ne fçait jamais ce qu'il voudra, qui fouvent ne fçait pas bien ce qu'il veut, & qui n'eft pas moins caché ni moins trompeur à luy-mefme qu'aux au-

C

tres ? O éternel Roy des fiecles, qui poffe-
dez feul l'immortalité, voilà ce qu'on vous
préfere ; voilà ce qui ébloüit les ames qu'on
appelle grandes ! Dans ces déplorables erreurs, la Princeffe Palatine avoit les vertus
que le monde admire, & qui font qu'une
ame féduite s'admire elle-mefme : inébranlable dans fes amitiez, & incapable de manquer aux devoirs humains. La Reine fa
fœur en fit l'épreuve dans un temps où leurs
cœurs eftoient defunis. Un nouveau conquerant s'éleve en Suede. On y voit un autre Guftave non moins fier, ni moins har-
di, ou moins belliqueux que celuy dont le
nom fait encore trembler l'Allemagne.
Charles Guftave parut à la Pologne fur-
prife & trahie, comme un lion qui tient
fa proye dans fes ongles tout preft à la mettre en pieces. Qu'eft devenuë cette redou-
table cavalerie qu'on voit fondre fur l'en-
nemi avec la viftefse d'un aigle ? Où font
ces ames guerrieres, ces marteaux d'armes
tant vantez, & ces arcs qu'on ne vit jamais
tendus en vain ? Ni les chevaux ne font vif-
tes, ni les hommes ne font adroits, que pour
fuir devant le vainqueur. En mefme temps,

la Pologne ſe voit ravagée par le rebelle Co-
ſaque, par le Moſcovite infidele, & plus encore par le Tartare, qu'elle appelle à ſon
ſecours dans ſon deſeſpoir. Tout nage dans
le ſang, & on ne tombe que ſur des corps
morts. La Reine n'a plus de retraite ; elle
a quitté le Royaume : aprés de courageux,
mais de vains efforts, le Roy eſt contraint
de la ſuivre : réfugiez dans la Sileſie, où ils
manquent des choſes les plus néceſſaires, il
ne leur reſte qu'à conſidérer de quel coſté al- *Dan. I.*
loit tomber ce grand arbre ébranlé par tant *I I. 20.*
de mains & frapé de tant de coups à ſa raci- *Ezech.*
ne, ou qui en enleveroit les rameaux épars. *XXXI.*
Dieu en avoit diſpoſé autrement. La Pologne eſtoit néceſſaire à ſon Egliſe, & luy devoit un vangeur. Il la regarde en pitié. Sa *4. Reg.*
main puiſſante ramene en arriere le Sue- *XIX. 2*
dois indomté, tout fremiſſant qu'il eſtoit. Il
ſe vange ſur le Danois dont la ſoudaine in-
vaſion l'avoit rappellé, & déja il l'a réduit
à l'extrémité. Mais l'Empire & la Hollande
ſe remuënt contre un conquerant, qui me-
naçoit tout le Nort de la ſervitude. Pendant qu'il raſſemble de nouvelles forces, &
médite de nouveaux carnages, Dieu tonne

du plus haut des cieux : le redouté capitai-
ne tombe au plus beau temps de sa vie, & la
Pologne est délivrée. Mais le premier rayon
d'espérance vint de la Princesse Palatine :
honteuse de n'envoyer que cent mille livres au Roy & à la Reine de Pologne, elle
les envoye du moins avec une incroyable
promptitude. Qu'admira-t-on davantage,
ou de ce que ce secours vint si à propos, ou
de ce qu'il vint d'une main dont on ne l'attendoit pas, ou de ce que sans chercher
d'excuse dans le mauvais estat où se trou-
voient ses affaires, la Princesse Palatine s'os-
ta tout pour soulager une sœur qui ne l'aimoit pas ? Les deux Princesses ne furent plus
qu'un mesme cœur : la Reine parut vraiment Reine par une bonté & par une magnificence dont le bruit a retenti par toute
la terre ; & la Princesse Palatine joignit au
respect qu'elle avoit pour une aisnée de ce
rang & de ce mérite, une éternelle recon-
noissance.

Quel est, MESSIEURS, cét aveuglement dans une ame Chrestienne, & qui
le pourroit comprendre, d'estre incapable
de manquer aux hommes, & de ne craindre

pas de manquer à Dieu ? comme si le culte
de Dieu ne tenoit aucun rang parmi les devoirs ! Contez-nous donc maintenant, vous
qui les sçavez, toutes les grandes qualitez de
la Princesse Palatine ; faites-nous voir, si
vous le pouvez, toutes les graces de cette
douce éloquence qui s'insinuoit dans les
cœurs par des tours si nouveaux & si na-
turels ; dites qu'elle estoit généreuse, libé-
rale, reconnoissante, fidele dans ses promes-
ses, juste : vous ne faites que raconter ce qui
l'attachoit à elle-mesme. Je ne voy dans
tout ce recit que le prodigue de l'Evangile, *Luc. XV*
qui veut avoir son partage, qui veut jouïr *12. 13.*
de soy-mesme & des biens que son pere luy
a donnez ; qui s'en va le plus loin qu'il peut
de la maison paternelle, *dans un païs écarté,*
où il dissipe tant de rares tresors, & en un
mot où il donne au monde tout ce que
Dieu vouloit avoir. Pendant qu'elle contentoit le monde, & se contentoit elle-
mesme, la Princesse Palatine n'estoit pas
heureuse ; & le vuide des choses humaines
se faisoit sentir à son cœur. Elle n'estoit heureuse, ni pour avoir avec l'estime du monde, qu'elle avoit tant desirée, celle du ROY

mefme; ni pour avoir l'amitié & la confiance de PHILIPPE, & des deux Princeffes,
qui ont fait fucceffivement avec luy la fe-
conde lumiere de la Cour: de PHILIPPE,
dis-je, ce grand Prince, que ni fa naiffance,
ni fa valeur, ni la victoire elle-mefme,
quoy-qu'elle fe donne à luy avec tous fes
avantages, ne peuvent enfler; & de ces deux
grandes Princeffes, dont l'on ne peut nommer l'une fans douleur, ni connoiftre l'autre fans l'admirer. Mais peut-eftre que le
folide établiffement de la famille de noftre
Princeffe achevera fon bonheur. Non, elle
n'eftoit heureufe, ni pour avoir placé au-
prés d'elle la Princeffe ANNE fa chere fille
& les délices de fon cœur, ni pour l'avoir
placée dans une maifon où tout eft grand.
Que fert de s'expliquer davantage? On dit
tout, quand on prononce feulement le nom
de LOUIS DE BOURBON Prince de
Condé, & d'HENRI JULES DE BOUR-
BON Duc d'Anguien. Avec un peu plus
de vie, elle auroit veû les grands dons, &
le premier des mortels, touché de ce que le
monde admire le plus aprés luy, fe plaire à
le reconnoiftre par de dignes diftinctions.

C'est ce qu'elle devoit attendre du mariage de la Princesse ANNE. Celuy de la Princesse BENEDICTE ne fut gueres moins heureux, puisqu'elle épousa JEAN FRIDERIC Duc de Brunsvic & d'Hanovre, Souverain puissant, qui avoit joint le sçavoir avec la valeur, la Religion Catholique avec les vertus de sa Maison, & pour comble de joye à nostre Princesse, le service de l'Empire avec les intérests de la France. Tout estoit grand dans sa famille; & la Princesse MARIE sa fille n'auroit eû à desirer sur la terre qu'une vie plus longue. Que s'il falloit avec tant d'éclat, la tranquillité & la douceur: elle trouvoit dans un Prince aussi grand d'ailleurs que celuy qui honore cette audience, avec les grandes qualitez, celles qui pouvoient contenter sa délicatesse; & dans la Duchesse sa chere fille, un naturel tel qu'il le falloit à un cœur comme le sien, un esprit qui se fait sentir sans vouloir briller, une vertu qui devoit bientost forcer l'estime du monde, & comme une vive lumiere percer tout-à-coup avec grand éclat un beau, mais sombre nuage. Cette alliance fortunée luy donnoit une

perpétuelle & étroite liaifon avec le Prince qui de tout temps avoit le plus ravi fon
eftime : Prince qu'on admire autant dans
la paix que dans la guerre , en qui l'univers
attentif ne voit plus rien à defirer, & s'étonne de trouver enfin toutes les vertus en un
feul homme. Que falloit-il davantage , &
que manquoit-il au bonheur de noftre Princeffe ? Dieu qu'elle avoit connu ; & tout
avec luy. Une fois elle luy avoit rendu fon
cœur. Les douceurs celeftes qu'elle avoit
gouftées fous les aifles de Sainte Fare, eftoient revenuës dans fon efprit. Retirée à
la campagne,fequeftrée du monde,elle s'oc-
cupa trois ans entiers à regler fa confcience
& fes affaires. Un million qu'elle retira du
Duché de Rethelois fervit à multiplier fes
bonnes œuvres ; & la premiere fut d'aqui-
ter ce qu'elle devoit avec une fcrupuleufe
régularité , fans fe permettre ces compofi-
tions fi adroitement colorées, qui fouvent
ne font qu'une injuftice couverte d'un nom
fpecieux. Eft-ce donc icy cét heureux retour que je vous promets depuis fi long-
temps ? Non, MESSIEURS : vous ne ver-
rez encore à cette fois qu'un plus déplorable

ble éloignement. Ni les conseils de la Providence, ni l'état de la Princesse ne permet-
toient qu'elle partageast tant soit peu son
cœur: une ame comme la sienne ne souf-
fre point de tels partages ; & il falloit où
tout à fait rompre, ou se rengager tout à fait
avec le monde. Les affaires l'y rappellerent:
sa pieté s'y dissipa encore une fois : elle é-
prouva que JESUS-CHRIST n'a pas dit
en vain: *Fiunt novissima hominis illius pe-* Luc. XI.
jora prioribus : l'état de l'homme qui retom- 26.
be devient pire que le premier. Tremblez, a-
mes réconciliées, qui renoncez si souvent à
la grace de la penitence : tremblez, puisque
chaque chûte creuse sous vos pas de nouveaux abismes : tremblez enfin au terrible
éxemple de la Princesse Palatine. A ce coup
le Saint Esprit irrité se retire: les ténèbres
s'épaississent ; la foy s'éteint. Un saint Abbé
dont la doctrine & la vie sont un ornement
de nostre siecle, ravi d'une conversion aussi
admirable & aussi parfaite que celle de nostre Princesse, luy ordonna de l'écrire pour
l'édification de l'Eglise. Elle commence ce
recit en confessant son erreur. Vous, Seigneur, dont la bonté infinie n'a rien don-

D

né aux hommes de plus efficace pour effacer leurs péchez, que la grace de les reconnoiftre : recevez l'humble confeflion de voftre fervante ; & en mémoire d'un tel facrifice, s'il luy refte quelque chofe à expier aprés une fi longue penitence, faites - luy fentir aujourd'huy vos miféricordes. Elle confeffe donc, CHRESTIENS, qu'elle avoit tellement perdu les lumieres de la Foy, que lors qu'on parloit férieufement des Myfteres de la Religion, elle avoit peine à retenir ce ris dédaigneux, qu'excitent les perfonnes fimples lors qu'on leur voit croire des chofes impoffibles : *Et ,* pourfuit - elle, *c'euft efté pour moy le plus grand de tous les miracles , que de me faire croire fermement le Chriftianifme.* Que n'euft-elle pas donné pour obtenir ce miracle ? Mais l'heure marquée par la divine Providence n'eftoit pas encore venuë. C'eftoit le temps où elle devoit eftre livrée à elle-mefme, pour mieux fentir dans la fuite la merveilleufe victoire de la Grace. Ainfi elle gémiffoit dans fon incrédulité qu'elle n'avoit pas la force de vaincre. Peu s'en faut qu'elle ne s'emporte jufqu'à la dérifion, qui eft le dernier ex-

cés, & comme le triomphe de l'orgueïl; &
qu'elle ne se trouve parmi *ces moqueurs
dont le jugement est si proche,* selon la parole *Prov. X.*
du Sage: *Parata sunt derisoribus judicia.* *29.*
Déplorable aveuglement! Dieu a fait un
ouvrage au milieu de nous, qui détaché de
toute autre cause, & ne tenant qu'à luy
seul, remplit tous les temps & tous les lieux,
& porte par toute la terre avec l'impression
de sa main le caractere de son autorité: c'est
JESUS-CHRIST & son Eglise. Il a mis
dans cette Eglise une autorité, seule capable d'abbaisser l'orgueïl & de relever la simplicité; & qui également propre aux sça-
vans & aux ignorans, imprime aux uns &
aux autres un mesme respect. C'est contre
cette autorité que les libertins se révoltent
avec un air de mépris. Mais qu'ont-ils veû
ces rares genies, qu'ont-ils veû plus que
les autres? Quelle ignorance est la leur! &
qu'il seroit aisé de les confondre; si foibles
& présomptueux ils ne craignoient d'estre instruits! Car pensent-ils avoir mieux
veû les difficultez à cause qu'ils y succom-
bent, & que les autres qui les ont veûës, les
ont méprisées? Ils n'ont rien veû: ils n'en-

tendent rien : ils n'ont pas mefme de quoy
établir le néant, auquel ils efperent aprés
cette vie ; & ce miférable partage ne leur
eft pas affeuré. Ils ne fçavent s'ils trouve-
ront un Dieu propice, ou un Dieu contraire. S'ils le font égal au vice & à la vertu : quelle idole ! Que s'il ne dédaigne pas
de juger ce qu'il a créé, & encore ce qu'il
a créé capable d'un bon & d'un mauvais
choix : qui leur dira, ou ce qui luy plaift,
ou ce qui l'offenfe, ou ce qui l'appaife ? Par
où ont-ils deviné, que tout ce qu'on pen-
fe de ce premier eftre, foit indifférent ; &
que toutes les Religions qu'on voit fur la
terre, luy foient également bonnes ? Parce
qu'il y en a de fauffes, s'enfuit-il qu'il n'y en
ait pas une veritable : ou qu'on ne puiffe
plus connoiftre l'ami fincere, parce qu'on
eft environné de trompeurs ? Eft-ce peut-
eftre que tous ceux qui errent font de bonne foy ? L'homme ne peut - il pas felon fa
couftume s'en impofer à luy-mefme ? Mais
quel fupplice ne méritent pas les obftacles
qu'il aura mis par fes préventions à des lumieres plus pures ? Où a-t-on pris que la
peine & la récompenfe ne foient que pour

les jugemens humains; & qu'il n'y ait pas
en Dieu une juſtice, dont celle qui reluit
en nous ne ſoit qu'une étincelle ? Que s'il
eſt une telle juſtice ; ſouveraine, & par con-
ſequent inévitable ; divine, & par conſe-
quent infinie : qui nous dira qu'elle n'agiſ-
ſe jamais ſelon ſa nature , & qu'une juſtice
infinie ne s'exerce pas à la fin par un ſup-
plice infini & éternel ? Où en ſont donc les
impies , & qu'elle aſſeurance ont-ils contre
la vangeance éternelle dont on les menace ?
Au defaut d'un meilleur refuge,iront-ils enfin ſe plonger dans l'abiſme de l'athéiſme,
& mettront-ils leur repos dans une fureur,
qui ne trouve preſque point de place dans
les eſprits ? Qui leur réſoudra ces doutes,
puis qu'ils veulent les appeller de ce nom ?
Leur raiſon, qu'ils prennent pour guide, ne
préſente à leur eſprit que des conjectures &
des embarras.Les abſurditez où ils tombent
en niant la Religion, deviennent plus in-
ſouſtenables que les véritez,dont la hauteur
les étonne; & pour ne vouloir pas croire des
myſteres incompréhenſibles, ils ſuivent l'u-
ne aprés l'autre d'incomprehenſibles erreurs. Qu'eſt-ce donc aprés tout, MES-

SIEURS, qu'eſt-ce que leur malheureuſe incrédulité, ſinon une erreur ſans fin, une témérité qui hazarde tout, un étourdiſſe-ment volontaire, & en un mot un orgueïl qui ne peut ſouffrir ſon remede, c'eſt à dire, une autorité légitime? Ne croyez pas que l'homme ne ſoit emporté que par l'intem-pérance des ſens. L'intempérance de l'eſprit n'eſt pas moins flateuſe. Comme l'autre, el-le ſe fait des plaiſirs cachez, & s'irrite par la défenſe. Ce ſuperbe croit s'élever audeſſus de tout & audeſſus de luy-meſme, quand il s'éleve, ce luy ſemble, audeſſus de la Reli-gion, qu'il a ſi long-temps révérée: il ſe met au rang des gens deſabuſez: il inſulte en ſon cœur aux foibles eſprits qui ne font que ſuivre les autres ſans rien trouver par eux-meſmes; & devenu le ſeul objet de ſes com-plaiſances, il ſe fait luy-meſme ſon Dieu. C'eſt dans cét abiſme profond que la Prin-ceſſe Palatine alloit ſe perdre. Il eſt vray qu'elle deſiroit avec ardeur de connoiſtre la vérité. Mais où eſt la vérité ſans la foy, qui luy paroiſſoit impoſſible, à moins que Dieu l'établiſt en elle par un miracle? Que luy ſervoit d'avoir conſervé la connoiſſance de

la Divinité? Les esprits mesme les plus dé-
réglez n'en rejettent pas l'idée, pour n'avoir
point à se reprocher un aveuglement trop
visible. Un Dieu qu'on fait à sa mode, aussi
patient, aussi insensible, que nos passions le
demandent, n'incommode pas. La liberté
qu'on se donne de penser tout ce qu'on veut,
fait qu'on croit respirer un air nouveau. On
s'imagine joüir de soy-mesme & de ses de-
sirs; & dans le droit qu'on pense aquerir
de ne se rien refuser, on croit tenir tous les
biens, & on les gouste par avance.

En cét estat, CHRESTIENS, où la
Foy mesme est perduë, c'est à dire, où le
fondement est renversé; que restoit-il à
nostre Princesse? que restoit-il à une ame
qui par un juste jugement de Dieu estoit
décheuë de toutes les graces, & ne tenoit
à JESUS-CHRIST par aucun lien?
qu'y restoit-il, CHRESTIENS, si ce
n'est ce que dit Saint Augustin? Il restoit
la souveraine misere & la souveraine miséricorde: *restabat magna miseria, & ma-* In Ps. I
gna misericordia. Il restoit ce secret regard
d'une Providence miséricordieuse, qui la
vouloit rappeller des extrémitez de la terre;

& voicy quelle fut la premiere touche. Prefstez l'oreille, MESSIEURS : elle a quelque chofe de miraculeux. Ce fut un fonge admirable ; de ceux que Dieu mefme fait venir du Ciel par le miniftere des Anges ; dont les images font fi nettes & fi démeflées ; où l'on voit je ne fçay quoy de celefte. Elle crut, c'eft elle-mefme qui le raconte au faint Abbé : Ecoutez, & prenez garde fur tout de n'écouter pas avec mépris l'ordre des avertiffemens divins & la conduite de la Grace. Elle crut, dis-je, *que marchant feule dans une foreft, elle y avoit rencontré un aveugle dans une petite loge. Elle s'approche pour luy demander, s'il eftoit aveugle de naiffance, ou s'il l'eftoit devenu par quelque accident. Il répondit qu'il eftoit aveugle né. Vous ne fçavez donc pas, reprit-elle, ce que c'eft que la lumiere, qui eft fi belle & fi agréable, & le Soleil qui a tant d'éclat & de beauté? Je n'ay, dit-il, jamais joüi de ce bel objet, & je ne m'en puis former aucune idée. Je ne laiffe pas de croire, continua-t-il, qu'il eft d'une beauté raviffante. L'aveugle parut alors changer de voix & de vifage, & prenant un ton d'autorité : Mon éxemple, dit-il, vous doit apprendre qu'il y a*

des

des chofes tres-excellentes & tres-admirables
qui échapent à noſtre veûë, & qui n'en ſont
ni moins vrayes ni moins deſirables, quoy-
qu'on ne les puiſſe ni comprendre, ni imaginer.
C'eſt en effet qu'il manque un ſens aux in-
credules comme à l'aveugle; & ce ſens, c'eſt
Dieu qui le donne, ſelon ce que dit Saint
Jean : *Il nous a donné un ſens pour connoiſtre*   1. Joan
le vray Dieu, & pour eſtre en ſon vray Fils: 20.
Dedit nobis ſenſum, ut cognoſcamus verum
Deum, & ſimus in vero filio ejus. Noſtre
Princeſſe le comprit. En meſme temps, au
milieu d'un ſonge ſi myſterieux, *elle fit l'ap-*
plication de la belle comparaiſon de l'aveu-
gle aux véritez de la Religion & de l'autre
vie : ce ſont ſes mots que je vous rappor-
te. Dieu qui n'a beſoin ni de temps ni d'un
long circuit de raiſonnemens pour ſe faire
entendre, tout-à-coup luy ouvrit les yeux.
Alors, par une ſoudaine illumination, *elle ſe*
ſentit ſi éclairée, c'eſt elle-meſme qui con-
tinuë à vous parler, *& tellement tranſpor-*
tée de la joye d'avoir trouvé ce qu'elle cher-
choit depuis ſi long-temps, qu'elle ne put s'em-
peſcher d'embraſſer l'aveugle, dont le diſcours
luy découvroit une plus belle lumiere que cel-

E

le dont il eftoit privé : *Et*, dit-elle, *il fe ré-*
pandit dans mon cœur une joye fi douce &
une foy fi fenfible, qu'il n'y a point de paro-
les capables de l'exprimer. Vous attendez,
CHRESTIENS, quel fera le réveil d'un
fommeil fi doux & fi merveilleux. Ecou-
rez, & reconnoiffez que ce fonge eft vraiment divin. *Elle s'éveilla là-deffus,* dit-elle,
& fe trouva dans le mefme état où elle s'ef-
toit veüe dans cét admirable fonge ; c'eft à
dire, tellement changée, qu'elle avoit peine à
le croire. Le miracle qu'elle attendoit eft ar-
rivé : elle croit, elle qui jugeoit la foy im-
poffible : Dieu la change par une lumiere
foudaine, & par un fonge qui tient de l'ex-
tafe. Tout fuit en elle de la mefme force.
Je me levay, pourfuit-elle, *avec précipita-*
tion : mes actions eftoient meflées d'une joye
& d'une activité extraordinaire. Vous le
voyez : cette nouvelle vivacité qui animoit
fes actions, fe reffent encore dans fes paroles.
Tout ce que je lifois fur la Religion, me tou-
choit jufqu'à répandre des larmes. Je me
trouvois à la Meffe dans un état bien diffé-
rent de celuy où j'avois accouftumé d'eftre.
Car c'eftoit de tous les myfteres celuy qui

luy paroiſſoit le plus incroyable. *Mais alors,* dit-elle, *il me ſembloit ſentir la preſence réelle de Noſtre Seigneur à peu prés comme l'on ſent les choſes viſibles, & dont l'on ne peut douter.* Ainſi elle paſſa tout-à-coup d'u-ne profonde obſcurité à une lumiere mani-feſte. Les nuages de ſon eſprit ſont diſſipez : miracle auſſi étonnant que celuy où JE-SUS-CHRIST fit tomber en un inſtant des yeux de Saul converti cette eſpece d'écaille dont ils eſtoient couverts. Qui donc ne s'é-crieroit à un ſi ſoudain changement : *Le doit de Dieu eſt icy ?* La ſuite ne permet pas d'en douter, & l'operation de la Grace ſe reconnoiſt dans ſes fruits. Depuis ce bien-heureux moment, la foy de noſtre Princeſſe fut inébranlable ; & meſme cette joye ſenſi-ble qu'elle avoit à croire, luy fut continuée quelque temps. Mais au milieu de ces ce-leſtes douceurs, la juſtice divine eut ſon tour. L'humble Princeſſe ne crût pas qu'il luy fuſt permis d'approcher d'abord des Saints Sacremens. Trois mois entiers furent employez à repaſſer avec larmes ſes ans é-coulez parmi tant d'illuſions, & à préparer ſa Confeſſion. Dans l'approche du jour de-

Act. 18.

Exod. V 19.

E ij

firé où elle efperoit de la faire, elle tomba
dans une fyncope qui ne luy laiffa ni cou-
leur, ni pouls, ni refpiration. Revenuë d'u-
ne fi longue & fi étrange défaillance, elle
fe vit replongée dans un plus grand mal; &
aprés les afres de la mort, elle reffentit toutes les horreurs de l'enfer. Digne effet des
Sacremens de l'Eglife, qui donnez ou diffe-
rez font fentir à l'ame la mifericorde de
Dieu, ou tout le poids de fes vangeances.
Son Confeffeur qu'elle appelle la trouve
fans force, incapable d'application, & pro-
nonçant à peine quelques mots entrecou-
pez : il fut contraint de remettre la Confef-
fion au lendemain. Mais il faut qu'elle vous
raconte elle-mefme quelle nuit elle paffa
dans cette attente. Qui fçait fi la Providence n'aura pas amené icy quelque ame éga-
rée, qui doive eftre touchée de ce recit?
Il eft, dit-elle, *impoßible de s'imaginer les
étranges peines de mon efprit fans les avoir
éprouvées. J'appréhendois à chaque moment
le retour de ma fyncope, c'eft à dire, ma mort,
& ma damnation. J'avoüois bien que je n'ef-
tois pas digne d'une miféricorde que j'avois
fi long-temps négligée: & je difois à Dieu*

dans mon cœur, que je n'avois aucun droit
de me plaindre de sa justice ; mais qu'enfin,
chose insupportable ! je ne le verrois jamais ;
que je serois éternellement avec ses ennemis,
éternellement sans l'aimer, éternellement haïe
de luy. Je sentois tendrement ce déplaisir, &
je le sentois mesme, comme je croy, ce sont ses
propres paroles, *entierement détaché des autres peines de l'enfer.* Le voilà, MES CHE-
RES SOEURS, vous le connoissez, le voilà ce pur amour, que Dieu luy-mesme ré-
pand dans les cœurs avec toutes ses déli-
catesses & dans toute sa vérité. La voilà cette crainte qui change les cœurs : non point
la crainte de l'esclave qui craint l'arrivée
d'un maistre fascheux ; mais la crainte d'une
chaste épouse qui craint de perdre ce qu'elle aime. Ces sentimens tendres meslez de larmes & de frayeur aigrissoient son mal jusqu'à la deniere extrémité. Nul n'en péné-
troit la cause, & on attribuoit ces agitations
à la fievre dont elle estoit tourmentée. Dans
cét état pitoyable, pendant qu'elle se regardoit comme une personne réprouvée &
presque sans espérance de salut : Dieu qui
fait entendre ses véritez en telle maniere &

E iij

fous telles figures qu'il luy plaift , continua
de l'inftruire comme il a fait Jofeph & Salo-
mon ; & durant l'affoupiffement que l'acca-
blement luy caufa, il luy mit dans l'efprit
cette parabole fi femblable à celles de l'E-
vangile. Elle voit paroiftre ce que J E S U S-
C H R I S T n'a pas dédaigné de nous donner
comme l'image de fa tendreffe ; une poule
devenuë mere, empreffée autour des petits
qu'elle conduifoit. Un d'eux s'eftant écarté,
noftre malade le voit englouti par un chien
avide. Elle accourt, elle luy arrache cét innocent animal. En mefme temps on luy crie
d'un autre cofté qu'il le falloit rendre au ra-
viffeur, dont on éteindroit l'ardeur en luy
enlevant fa proye. *Non,* dît-elle, *je ne le ren-*
dray jamais. En ce moment elle s'éveilla ; &
l'application de la figure qui luy avoit efté
montrée fe fit en un inftant dans fon efprit,
comme fi on luy euft dit : *Si vous qui eftes*
mauvaife, ne pouvez vous réfoudre à ren-
dre ce petit animal que vous avez fauvé ;
pourquoy croyez-vous que Dieu infiniment
bon vous redonnera au Démon, aprés vous
avoir tirée de fa puiffance ? Efpérez, & pre-
nez courage. A ces mots elle demeura dans

Ub.
III. 37.

tt. VII.

un calme & dans une joye qu'elle ne pouvoit exprimer, *comme si un Ange luy eust ap-*
pris, ce sont encore ses paroles, *que Dieu*
ne l'abandonneroit pas. Ainsi tomba tout-
à-coup la fureur des vents & des flots à la
voix de JESUS-CHRIST qui les mena-
çoit; & il ne fit pas un moindre miracle
dans l'ame de nostre sainte Penitente, lors
que parmi les frayeurs d'une conscience al-
larmée, & *les douleurs de l'enfer*, il luy fit
sentir tout-à-coup par une vive confiance,
avec la rémiffion de ses péchez, cette *paix*
qui surpaffe toute intelligence. Alors une joye
céleste saifit tous ses sens, *& les os humiliez*
treffaillirent. Souvenez-vous, ô sacré Pontife, quand vous tiendrez en vos mains la
sainte Victime qui oste les pechez du monde; souvenez-vous de ce miracle de sa Grace. Et vous, Saints Prestres, venez; & vous
saintes Filles, & vous Chrestiens: venez
aussi, ô pécheurs: tous ensemble, commençons d'une mesme voix le cantique de la
délivrance, & ne ceffons de répéter avec
David: *Que Dieu est bon, que sa miferi-*
corde est éternelle. Il ne faut point manquer
à de telles graces, ni les recevoir avec mol-

Marc. I
39.
Luc. VI
24.

Ps. XV
6.

Philip.
7.

Ps. L.

Psalm.
CXXX

lesse. La Princesse Palatine change en un moment toute entiere : nulle parure que la simplicité, nul ornement que la modestie. Elle se montre au monde à cette fois ; mais ce fut pour luy déclarer qu'elle avoit renoncé à ses vanitez. Car aussi quelle erreur à une Chrestienne, & encore à une Chrestienne penitente, d'orner ce qui n'est digne que de son mépris ? de peindre, & de parer l'idole du monde ? de retenir comme par force, & avec mille artifices autant indignes qu'inutiles, ces graces qui s'envolent avec le temps ? Sans s'effrayer de ce qu'on diroit, sans craindre comme autrefois ce vain fantosme des ames infirmes dont les Grands sont épouvantez plus que tous les autres, la Princesse Palatine parut à la Cour si différente d'elle-mesme : & deslors elle renonça à tous les divertissemens, à tous les jeux jusqu'aux plus innocens ; se soumettant aux séveres loix de la penitence Chrestienne, & ne songeant qu'à restraindre & à punir une liberté qui n'avoit pû demeurer dans ses bornes. Douze ans de persévérance au milieu des épreuves les plus difficiles l'ont élevée à un éminent degré de sainteté.

té. La regle qu'elle se fit dés le premier jour fut immuable : toute sa maison y entra : chez elle on ne faisoit que passer d'un éxercice de piété à un autre. Jamais l'heure de l'oraison ne fut changée ni interrompuë, pas mesme par les maladies. Elle sçavoit que dans ce commerce sacré tout consiste à s'humilier sous la main de Dieu, & moins à donner qu'à recevoir. Ou plûtost, selon le précepte de JESUS-CHRIST, son orai- *Luc. X.* son fut perpetuelle pour estre égale au be- *1.* soin. La lecture de l'Evangile & des livres saints en fournissoit la matiere : si le travail sembloit l'interrompre, ce n'estoit que pour la continuer d'une autre sorte. Par le travail on charmoit l'ennuy, on ménageoit le temps, on guérissoit la langueur de la paresse & les pernicieuses réveries de l'oisiveté. L'esprit se relaschoit pendant que les mains industrieusement occupées s'éxerçoient dans des ouvrages dont la piété avoit donné le dessein : c'estoit ou des habits pour les pauvres, ou des ornemens pour les Autels. Les Pseaumes avoient succédé aux cantiques des joyes du siecle. Tant qu'il n'estoit point nécessaire de parler, la sage

F

Princeſſe gardoit le ſilence : la vanité & les
médiſances, qui ſouſtiennent tout le commerce du monde, luy faiſoient craindre tous
les entretiens ; & rien ne luy paroiſſoit ni
agréable ni ſeur que la ſolitude. Quand elle
parloit de Dieu, le gouſt intérieur d'où ſor-
toient toutes ſes paroles, ſe communiquoit
à ceux qui converſoient avec elle ; & les no-
bles expreſſions qu'on remarquoit dans ſes
diſcours ou dans ſes écrits, venoient de la
haute idée qu'elle avoit conceûë des choſes divines. Sa foy ne fut pas moins ſimple
que vive : dans les fameuſes queſtions qui
ont troublé en tant de manieres le repos de
nos jours, elle déclaroit hautement qu'elle
n'avoit autre part à y prendre, que celle d'o-
béir à l'Egliſe. Si elle euſt eû la fortune des
Ducs de Nevers ſes peres, elle en auroit ſur-
paſſé la pieuſe magnificence, quoy-que cent
temples fameux en portent la gloire juſ-
XXXI. qu'au Ciel, *& que les Egliſes des Saints pu-*
blient leurs aumoſnes. Le Duc ſon pere avoit
fondé dans ſes terres de quoy marier tous les
ans ſoixante filles : riche oblation, préſent
agréable. La Princeſſe ſa fille en marioit
auſſi tous les ans ce qu'elle pouvoit, ne

croyant pas aſſez honorer les libéralitez de
ſes anceſtres, ſi elle ne les imitoit. On ne
peut retenir ſes larmes, quand on luy voit
épancher ſon cœur ſur de vieilles femmes
qu'elle nourriſſoit. Des yeux ſi délicats firent leurs délices de ces viſages ridez, de
ces membres courbez ſous les ans. Ecoutez
ce qu'elle en écrit au fidelle miniſtre de ſes
charitez; & dans un meſme diſcours ap-
prenez à gouſter la ſimplicité & la charité
chreſtienne. *Je ſuis ravie*, dit-elle, *que l'af-
faire de nos bonnes vieilles ſoit ſi avancée.
Achevons viſte au nom de Noſtre Seigneur ; oſtons viſtement cette bonne femme
de l'étable où elle eſt, & la mettons dans
un de ces petits lits.* Quelle nouvelle vivacité ſuccede à celle que le monde inſpire !
Elle pourſuit: *Dieu me donnera peut-eſtre
de la ſanté, pour aller ſervir cette paralyti-
que : au moins je le feray par mes ſoins, ſi
les forces me manquent ; & joignant mes
maux aux ſiens, je les offriray plus hardi-
ment à Dieu. Mandez-moy ce qu'il faut
pour la nourriture & les uſtenciles de ces pauvres femmes ; peu à peu nous les mettrons
à leur aiſe.* Je me plais à répéter toutes ces

paroles, malgré les oreilles délicates : elles effacent les diſcours les plus magnifiques, & je voudrois ne parler plus que ce langage. Dans les néceſſitez extraordinaires, ſa charité faiſoit de nouveaux efforts. Le rude hiver des années dernieres acheva de la dépoüiller de ce qui luy reſtoit de ſuperflu : tout devint pauvre dans ſa maiſon & ſur ſa perſonne : elle voyoit diſparoiſtre avec une joye ſenſible les reſtes des pompes du monde ; & l'aumoſne luy apprenoit à ſe retrancher tous les jours quelque choſe de nouveau. C'eſt en effet la vraye grace de l'aumoſne, en ſoulageant les beſoins des pauvres, de diminuer en nous d'autres beſoins ; c'eſt à dire, ces beſoins honteux qu'y fait la délicateſſe, comme ſi la nature n'eſtoit pas aſſez accablée de néceſſitez. Qu'attendezvous, CHRESTIENS, à vous convertir ; & pourquoy déſeſpérez-vous de voſtre ſalut ? Vous voyez la perfection où s'éleve l'ame penitente, quand elle eſt fidele à la grace. Ne craignez ni la maladie, ni les dégouſts, ni les tentations, ni les peines les plus cruelles. Une perſonne ſi ſenſible & ſi délicate, qui ne pouvoit ſeulement en-

tendre nommer les maux, a souffert douze
ans entiers, & presque sans intervalle, ou les
plus vives douleurs, ou des langueurs qui
épuisoient le corps & l'esprit : & cependant
durant tout ce temps, & dans les tourmens
inouïs de sa derniere maladie, où ses maux
s'augmenterent jusques aux derniers excés,
elle n'a eû à se repentir que d'avoir une
seule fois souhaité une mort plus douce.
Encore réprima-t-elle ce foible desir, en di-
sant aussitost aprés avec JESUS-CHRIST
la priere du sacré mystere du Jardin : c'est
ainsi qu'elle appelloit la priere de l'agonie
de Nostre Sauveur ; *O mon Pere, que vostre* Luc. X.
volonté soit faite, & non pas la mienne. Ses ⁴²·
maladies luy osterent la consolation qu'elle
avoit tant desirée d'accomplir ses premiers
desseins, & de pouvoir achever ses jours
sous la discipline & dans l'habit de Sainte
Fare. Son cœur donné ou plûtost rendu à
ce Monastere, où elle avoit gousté les premieres graces, a témoigné son desir ; & sa volonté a esté aux yeux de Dieu un sacrifice
parfait. C'eust esté un soustien sensible à une
ame comme la sienne d'accomplir de grands
ouvrages pour le service de Dieu : mais elle

F iij

eſt menée par une autre voye ; par celle qui
crucifie davantage ; qui ſans rien laiſſer en-
treprendre à un eſprit courageux, le tient
accablé & anéanti ſous la rude loy de ſouffrir. Encore s'il euſt plû à Dieu de luy con-
ſerver ce gouſt ſenſible de la piété, qu'il
avoit renouvellé dans ſon cœur au commencement de ſa penitence: mais, non ;
tout luy eſt oſté ; ſans ceſſe elle eſt travail-
lée de peines inſupportables : *O Seigneur,*
X. 16. diſoit le ſaint homme Job, *vous me tourmen-*
tez, d'une maniere merveilleuſe ! C'eſt que
ſans parler icy de ſes autres peines, il portoit
au fond de ſon cœur une vive & conti-
nuelle appréhenſion de déplaire à Dieu. Il
voyoit d'un coſté ſa ſainte juſtice, devant
laquelle les Anges ont peine à ſouſtenir leur
. XIV. innocence. Il le voyoit avec ces yeux éter-
17. nellement ouverts obſerver toutes les dé-
marches, conter tous les pas d'un pécheur,
& *garder ſes péchez, comme ſous le ſceau,* pour
les luy repreſenter au dernier jour : *Signaſti*
quaſi in ſacculo delicta mea. D'un autre
coſté, il reſſentoit ce qu'il y a de corrom-
: IX. pu dans le cœur de l'homme : *Je craignois,*
dit-il, *toutes mes œuvres.* Que vois-je ? le

péché ! le péché par tout ! Et il s'écrioit
jour & nuit : *O Seigneur, Pourquoy n'ostez-*
vous pas mes péchez ? Et que ne retranchez-
vous une fois ces malheureux jours, où
l'on ne fait que vous offenser, afin qu'il ne
soit pas dit, *que je sois contraire à la paro-*
le du Saint ? Tel estoit le fond de ses peines ; & ce qui paroist de si violent dans
ses discours, n'est que la délicatesse d'une
conscience qui se redoute elle-mesme, ou
l'excés d'un amour qui craint de déplaire.
La Princesse Palatine souffrit quelque chose de semblable. Quel supplice à une conscience timorée ! Elle croyoit voir par tout
dans ses actions un amour propre déguisé
en vertu. Plus elle estoit clairvoyante, plus
elle estoit tourmentée. Ainsi Dieu l'humi-
lioit par ce qui a coustume de nourrir l'orgueïl, & luy faisoit un remede de la cause
de son mal. Qui pourroit dire par quelles
terreurs elle arrivoit aux délices de la sainte
table ? Mais elle ne perdoit pas la confiance. *Enfin,* dit-elle, c'est ce qu'elle écrit au
saint Prestre que Dieu luy avoit donné pour
la soustenir dans ses peines : *Enfin je suis*
parvenuë au divin banquet. Je m'estois le-

Ibid. V. 21.

Ibid. VI. 10.

vée dés le matin pour eſtre devant le jour aux portes du Seigneur : mais luy ſeul ſçait les combats qu'il a fallu rendre. La matinée ſe paſſoit dans ce cruel éxercice. *Mais à la fin*, pourſuit-elle, *malgré mes foibleſſes je me ſuis comme traiſnée moy-meſme aux pieds de Noſtre Seigneur; & j'ay connu qu'il falloit, puiſque tout s'eſt fait en moy par la force de la divine bonté, que je receuſſe encore avec une eſpece de force ce dernier & ſouverain bien.* Dieu luy découvroit dans ces peines l'ordre ſecret de ſa juſtice ſur ceux qui ont manqué de fidelité aux graces de la penitence. *Il n'appartient pas*, diſoit-elle, *aux eſclaves fugitifs, qu'il faut aller reprendre par force, & les ramener comme malgré eux, de s'aſſeoir au feſtin avec les enfans & les amis; & c'eſt aſſez qu'il leur ſoit permis de venir recueïllir à terre les miettes qui tombent de la table de leurs ſeigneurs.* Ne vous étonnez pas, CHRESTIENS, ſi je ne fais plus, foible orateur, que de répéter les paroles de la Princeſſe Palatine : c'eſt que j'y reſſens la manne cachée, & le gouſt des Ecritures divines, que ſes peines & ſes ſentimens luy faiſoient entendre. Malheur à moy, ſi dans
cette

cette chaire j'aime mieux me chercher moy-mefme que voftre falut, & fi je préfere à mes inventions, quand elles pourroient vous plaire, les expériences de cette Princeffe, qui peuvent vous convertir ! Je n'ay regret qu'à ce que je laiffe, & je ne puis vous taire ce qu'elle a écrit touchant les tentations d'incrédulité. *Il eft bien croyable, difoit-elle, qu'un Dieu qui aime infiniment, en donne des preuves proportionnées à l'infinité de fon amour, & à l'infinité de fa puiffance : & ce qui eft propre à la toute-puiffance d'un Dieu, paffe de bien loin la capacité de noftre foible raifon. C'eft,* ajoufte-t-elle, *ce que je me dis à moy-mefme, quand les Démons tafchent d'étonner ma foy; & depuis qu'il a plû à Dieu de me mettre dans le cœur,* remarquez ces belles paroles, *que fon amour eft la caufe de tout ce que nous croyons, cette réponfe me perfuade plus que tous les livres.* C'eft en effet l'abrégé de tous les faints Livres, & de toute la doctrine chreftienne. Sortez parole éternelle, Fils unique du Dieu vivant, fortez du bienheureux fein de voftre Pere, & venez annoncer aux hommes le *Joan. I. 18* fecret que vous y voyez. Il l'a fait, & du-

G

rant trois ans il n'a ceſſé de nous dire le ſecret des conſeils de Dieu. Mais tout ce qu'il
en a dit eſt renfermé dans ce ſeul mot de ſon

m. III. Evangile : *Dieu a tant aimé le monde, qu'il*
luy a donné ſon Fils unique. Ne demandez
plus ce qui a uni en JESUS-CHRIST le
Ciel & la terre, & la croix avec les gran-
deurs. *Dieu a tant aimé le monde.* Eſt-il incroyable que Dieu aime, & que la bonté ſe
communique ? Que ne fait pas entrepren-
dre aux ames courageuſes l'amour de la
gloire ; aux ames les plus vulgaires l'amour
des richeſſes ; à tous enfin, tout ce qui porte le nom d'amour ? Rien ne couſte, ni pe-
rils, ni travaux, ni peines : & voilà tous les
prodiges dont l'homme eſt capable. Que ſi
l'homme, qui n'eſt que foibleſſe, tente l'impoſſible : Dieu, pour contenter ſon amour,
n'éxécutera-t-il rien d'extraordinaire ? Di-
ſons donc pour toute raiſon dans tous les
myſteres : *Dieu a tant aimé le monde.* C'eſt
la doctrine du Maiſtre, & le Diſciple bien-
aimé l'avoit bien compriſe. De ſon temps
un Cerinthe, un Héréſiarque, ne vouloit
pas croire qu'un Dieu euſt pû ſe faire homme, & ſe faire la victime des pécheurs. Que

luy répondit cét Apoſtre vierge, ce Prophete du nouveau Teſtament, cét aigle, ce
Théologien par excellence : ce ſaint vieil-
lard, qui n'avoit de force que pour preſcher
la charité, & pour dire, *Aimez vous les uns*
les autres en Noſtre Seigneur ; que répon-
dit-il à cét Héréſiarque ? Quel ſymbole,
quelle nouvelle confeſſion de foy oppoſa-
t-il à ſon héréſie naiſſante ? Ecoutez, & ad-
mirez. *Nous croyons*, dit-il, *& nous con-* 1. *Joa*
feſſons l'amour que Dieu a pour nous : *Et nos* 17.
credidimus charitati, quam habet Deus in
nobis. C'eſt-là toute la foy des Chreſtiens:
c'eſt la cauſe & l'abrégé de tout le ſymbole. C'eſt-là, que la Princeſſe Palatine a trouvé la réſolution de ſes anciens doûtes. Dieu
a aimé : c'eſt tout dire. S'il a fait, diſoit-elle,
de ſi grandes choſes pour déclarer ſon a-
mour dans l'Incarnation : que n'aura-t-il
pas fait, pour le conſommer dans l'Eucha-
riſtie, pour ſe donner, non plus en général
à la nature humaine, mais à chaque fidele
en particulier ? Croyons donc avec Saint
Jean en l'amour d'un Dieu : la foy nous
paroiſtra douce, en la prenant par un endroit ſi tendre. Mais n'y croyons pas à de-

G ij

mi, à la maniere des Hérétiques, dont l'un
en retranche une chofe & l'autre une autre ; l'un le myftere de l'Incarnation , &
l'autre celuy de l'Euchariftie; chacun ce qui
luy déplaift: foibles efprits, ou plûtoft cœurs
étroits & entrailles refferrées , que la Foy
& la Charité n'ont pas affez dilatées pour
comprendre toute l'étenduë de l'amour
d'un Dieu. Pour nous, croyons fans réferve,
& prenons le remede entier, quoy qu'il en
coufte à noftre raifon. Pourquoy veut-on
que les prodiges couftent tant à Dieu? Il
n'y a plus qu'un feul prodige, que j'annon-
ce aujourd'huy au monde. O ciel, ô terre,
étonnez-vous à ce prodige nouveau! C'eft
que parmi tant de témoignages de l'amour
divin, il y ait tant d'incrédules & tant d'in-
fenfibles. N'en augmentez pas le nombre,
qui va croiffant tous les jours. N'alleguez
plus voftre malheureufe incrédulité, & ne
faites pas une excufe de voftre crime. Dieu
a des remedes pour vous guérir, & il ne refte qu'à les obtenir par des vœux continuels.
Il a fceû prendre la fainte Princeffe dont
nous parlons, par le moyen qui luy a plû :
il en a d'autres pour vous jufqu'à l'infini ;

& vous n'avez rien à craindre, que de dé-
fefpérer de fes bontez. Vous ofez nommer
vos ennuis, aprés les peines terribles où vous
l'avez veûë ? Cependant, fi quelquefois elle
defiroit d'en eftre un peu foulagée, elle
fe le reprochoit à elle-mefme : *Je commence*, difoit-elle, *à m'appercevoir que je cher-
che le paradis terreftre à la fuite de* JESUS-
CHRIST, *au lieu de chercher la montagne
des Olives & le Calvaire, par où il eft entré
dans fa gloire.* Voilà ce qu'il luy fervit de
méditer l'Evangile nuit & jour, & de fe
nourrir de la parole de vie. C'eft encore ce
qui luy fit dire cette admirable parole, *Qu'elle aimoit mieux vivre & mourir fans confolation que d'en chercher hors de Dieu.* Elle
a porté ces fentimens jufqu'à l'agonie ; &
prefte à rendre l'ame, on entendit qu'elle
difoit d'une voix mourante : *Je m'en vais
voir comment Dieu me traitera ; mais j'ef-
pere en fes mifericordes.* Cette parole de confiance emporta fon ame fainte au fejour des
Juftes. Arreftons icy, CHRESTIENS :
& vous, Seigneur, impofez filence à cét
indigne Miniftre, qui ne fait qu'affoiblir
voftre parole. Parlez dans les cœurs, Prédi-

cateur inviſible, & faites que chacun ſe parle à ſoy-meſme. Parlez, MES FRERES
parlez:je ne ſuis icy que pour aider vos réfle-
xions. Elle viendra cette heure derniere:elle
approche, nous y touchons, la voilà venuë.
Il faut dire avec ANNE DE GONZA-
GUE : Il n'y a plus ni Princeſſe, ni Palatine ;
ces grands noms, dont on s'étourdit, ne
ſubſiſtent plus. Il faut dire avec elle : Je
m'en vais, je ſuis emporté par une force
inévitable ; tout fuit, tout diminuë, tout
diſparoiſt à mes yeux. Il ne reſte plus à
l'homme que le néant & le péché : pour
tout fonds, le néant ; pour toute aquiſition,
le péché. Le reſte, qu'on croyoit tenir, é-
chape: ſemblable à de l'eau gelée, dont le
vil cryſtal ſe fond entre les mains qui le
ſerrent, & ne fait que les ſalir. Mais voicy ce
qui glacera le cœur, ce qui achevera d'é-
teindre la voix, ce qui répandra la frayeur
dans toutes les veines : *Je m'en vais voir*
comment Dieu me traitera ; dans un moment, je ſeray entre ces mains, dont Saint
Paul écrit en tremblant : *Ne vous y trom-*
pez pas, on ne ſe moque pas de Dieu : &
encore : *C'eſt une choſe horrible de tomber*

entre les mains du Dieu vivant ; entre ces
mains, où tout est action, où tout est vie;
rien ne s'affoiblit, ni se relasche, ni ne se ra-
lentit jamais : Je m'en vais voir, si ces mains
toutepuissantes me seront favorables ou ri-
goureuses ; si je seray éternellement, ou
parmi leurs dons, ou sous leurs coups. Voilà ce qu'il faudra dire nécessairement avec
nostre Princesse. Mais pourrons-nous ajous-
ter avec une conscience aussi tranquille,
J'espere en sa miséricorde ? Car, qu'aurons-
nous fait pour la fléchir ? Quand aurons-
nous écouté *la voix de celuy qui crie dans*   Luc. I
le desert, Préparez les voyes du Seigneur ?   4.
Comment ? par la penitence ? Mais ferons-   *Ibid. 8*
nous fort contens d'une penitence com-
mencée à l'agonie, qui n'aura jamais esté
éprouvée, dont jamais on n'aura veû aucun fruit ; d'une penitence imparfaite, d'u-
ne penitence nulle ; douteuse, si vous le
voulez ; sans forces, sans réflexion, sans loi-
sir pour en réparer les defauts ? N'en est-ce
pas assez pour estre pénétré de crainte jusques dans la moëlle des os ? Pour celle dont
nous parlons, ha, MES FRERES, toutes
les vertus qu'elle a pratiquées se ramassent

dans cette derniere parole, dans ce dernier acte de sa vie : la foy, le courage, l'abandon à Dieu, la crainte de ses jugemens, & cét amour plein de confiance, qui seul efface tous les pechez. Je ne m'étonne donc pas, si le saint Pasteur qui l'assista dans sa derniere maladie, & qui recueillit ses derniers soupirs, pénétré de tant de vertus, les porta jusques dans la chaire, & ne put s'empescher de les célébrer dans l'assemblée des Fidelles. Siecle vainement subtil, où l'on veut pecher avec raison, où la foiblesse veut s'autoriser par des maximes, où tant d'ames insensées cherchent leur repos dans le naufrage de la Foy, & ne font d'effort contre elles-mesmes que pour vaincre, au lieu de leurs passions, les remords de leur conscience : la Princesse Palatine t'est donnée *comme un signe & un prodige : in signum & in portentum.* Tu la verras au dernier jour, comme je t'en ay menacé, confondre ton impenitence & tes vaines excuses. Tu la verras se joindre à ces saintes Filles & à toute la troupe des Saints : & qui pourra soustenir leurs redoutables clameurs? Mais que sera-ce quand JESUS-CHRIST paroîs-

III.

tra

tra luy-mesme à ces malheureux ; quand ils verront celuy qu'ils auront percé , comme dit le Prophete ; dont ils auront rouvert *Zach. X* *10.* toutes les playes : & qu'il leur dira d'une voix terrible : *Pourquoy me dechirez-vous par vos blasphesmes,* nation impie ? *Me con-* *Malach.* *figitis gens tota.* Ou si vous ne le faisiez pas *III. 9.* par vos paroles, pourquoy le faisiez-vous par vos œuvres ? Ou pourquoy avez-vous marché dans mes voyes d'un pas incertain, comme si mon autorité estoit douteuse ? Race infidele, me connoissez-vous à cette fois ? Suis-je vostre Roy , suis-je vostre Juge, suis-je vostre Dieu ? Apprenez-le par vostre supplice. Là commencera ce pleur *Matth.* éternel ; là ce grincement de dents, qui *VIII. 1.* n'aura jamais de fin. Pendant que les orgueïlleux seront confondus, vous Fidelles *qui tremblez à sa parole,* en quelque en- *Is. LX.* droit que vous soyiez de cét Auditoire peu *2. 5.* connus des hommes & connus de Dieu, vous commencerez à lever la teste. Si tou- *Luc. X.* chez des saints exemples que je vous pro- *28.* pose, vous laissez attendrir vos cœurs ; si Dieu a beni le travail, par lequel je tasche de vous enfanter en JESUS-CHRIST ; &

H

que trop indigne Miniſtre de ſes conſeils je
n'y aye pas eſté moy-meſme un obſtacle:
vous benirez la bonté divine, qui vous aura conduits à la pompe funebre de cette
pieuſe Princeſſe, où vous aurez peut-eſtre
trouvé le commencement de la véritable
vie. Et vous, P R I N C E, qui l'avez tant ho-
norée pendant qu'elle eſtoit au monde, qui
favorable interprete de ſes moindres deſirs,
continuez voſtre protection & vos ſoins à
tout ce qui luy fut cher, & qui luy donnez les dernieres marques de piété avec
tant de magnificence & tant de zele : vous,
P R I N C E S S E, qui gémiſſez en luy ren-
dant ce triſte devoir, & qui avez eſpéré de
la voir revivre dans ce diſcours : que vous
diray-je pour vous conſoler? Comment
pourray-je, M A D A M E, arreſter ce tor-
rent de larmes, que le temps n'a pas épui-
ſé, que tant de juſtes ſujets de joye n'ont
pas tari? Reconnoiſſez icy le monde : reconnoiſſez ſes maux toûjours plus réels que
ſes biens; & ſes douleurs par conſéquent
plus vives & plus pénétrantes que ſes joyes.
Vous avez perdu ces heureux momens, où
vous joûiſſiez des tendreſſes d'une mere,

qui n'eut jamais son égale : vous avez perdu cette source inépuisable de sages conseils : vous avez perdu ces consolations, qui
par un charme secret faisoient oublier les
maux dont la vie humaine n'est jamais
exempte. Mais il vous reste ce qu'il y a de
plus précieux : l'espérance de la rejoindre
dans le jour de l'Eternité, & en attendant
sur la terre, le souvenir de ses instructions,
l'image de ses vertus, & les éxemples de
sa vie.

www.ingramcontent.com/pod-product-compliance
Lightning Source LLC
LaVergne TN
LVHW022141080426
835511LV00007B/1199